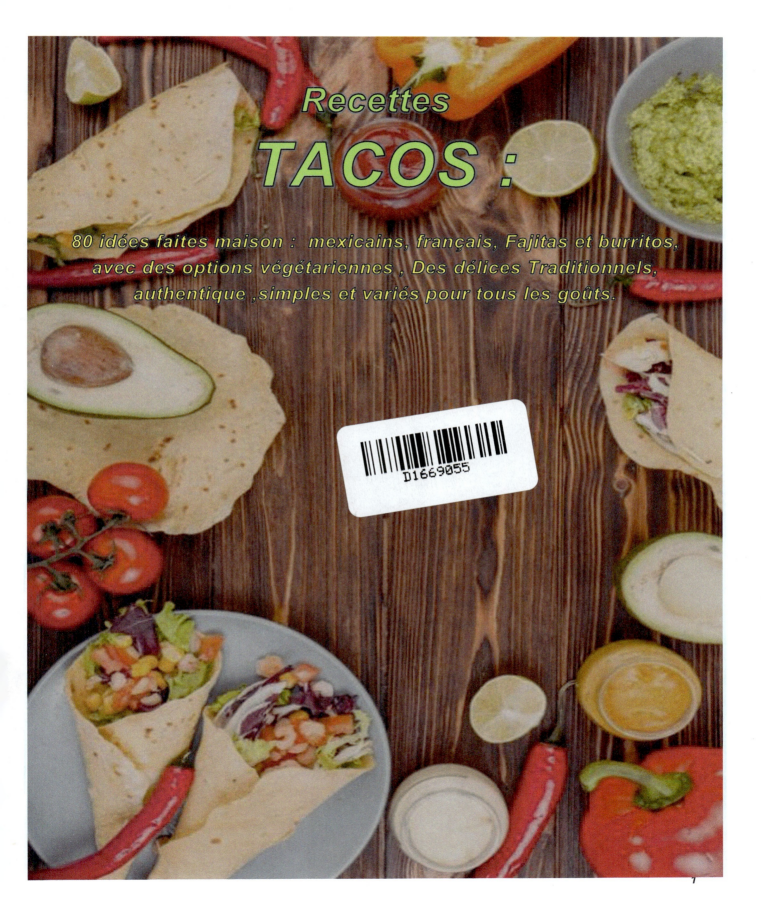

Tous droits réservés

En accord avec les dispositions du code de la propriété intellectuelle, chaque auteur bénéficie du droit au respect de sa paternité et de l'intégrité de son travail. Par conséquent, toute utilisation du contenu protégé en tant qu'œuvre

© 2024 GERARDO CONCEICALLOS

Sommaire

- Le Tacos : Un Voyage Culinaire Entre Histoire et Saveurs 6
- Types de Farine : Une Exploration des Variétés et de Leurs Utilisations 10
- Conversions des mesures 12

----1---- Bases du tacos (pâtes, sauces, etc.) : 13

- Pâte à Tacos Maison 14
- Sauce Salsa Mexicaine 15
- Tortillas de Maïs Croustillantes 16
- Sauce Crémeuse au Chipotle 17
- Guacamole Authentique 18
- Pico de Gallo Frais 19
- Sauce Pesto 20
- Crème Sure Maison 21
- Sauce Tomatillos 22

----2---- Recettes tacos mexicaines les plus célèbres : 23

- Tacos al Pastor 24
- Tacos de Barbacoa 25
- Tacos de Carnitas 27
- Tacos de Lengua 28
- Tacos de Cabeza 29
- Tacos de Chicharrón (Peau de Porc Croustillante) 30
- Tacos de Nopales (Cactus) 31
- Tacos de Pescado (Poisson) 32
- Tacos de Camarones (Crevettes) 33
- Tacos de Pollo (Poulet) 34
- Tacos de Chorizo 35
- Tacos de Huitlacoche (Champignon Cornu) 36
- Tacos de Rajas con Queso (Piments Rajas avec Fromage) 37
- Tacos de Tripitas (Tripes) 38
- Tacos de Suadero (Viande de Bœuf) 39

- Tacos de Machaca (Viande Séchée) 40
- Tacos de Escamoles (Larves de Fourmi) 41
- Tacos de Chile Relleno (Piments Farcis) 42
- Tacos de Chapulines (Sauterelles) 43
- Tacos de Cecina (Viande Séchée) 44
- Tacos de Cochinita Pibil (Porc Mariné) 45
- Tacos d'Adobada (Viande Marinée) 46
- Tacos de Tinga (Viande de Poulet Épicée) 47
- Tacos de Cuitlacoche (Champignon Cornu) 48
- Tacos de Birria de Res (Viande de Bœuf Mijotée) 49
- Tacos d'Alambre (Viande Grillée) 50
- Tacos de Chuleta (Côtelette de Porc) 51
- Tacos de Surimi (Bâtonnets de Crabe) 52
- Tacos de Lengua de Res en Salsa Verde (Langue de Bœuf dans une Sauce Verte) 53

----3---- Tacos français les plus célèbres : 54

- Tacos au Poulet Grillé 55
- Tacos au Steak et Fromage Fondu 56
- Tacos Végétariens aux Légumes Grillés 57
- Tacos au Kebab et Sauce Blanche 58
- Tacos au Saumon Fumé et Avocat 59
- Tacos à la Raclette 60
- Tacos au Jambon et Fromage 61

----4---- Burritos les plus célèbres au Mexique 62

- Burrito al Pastor 63
- Burrito de Barbacoa 64
- Burrito de Carnitas 65
- Burrito de Pollo (Poulet) 66
- Burrito de Chicharrón (Peau de Porc Croustillante) 67
- Burrito de Carne Asada (Viande Grillée) 68
- Burrito de Pescado (Poisson) 69
- Burrito de Frijoles (Haricots) 70
- Burrito de Machaca (Viande Séchée) 71

- **Burrito de Camarones (Crevettes)** ... 72
- ***----5----Fajitas les plus célèbres au Mexique :*** ... 73
- *Fajitas de Pollo (Poulet)* ... 74
- *Fajitas de Camarones (Crevettes)* ... 75
- *Fajitas de Carne Asada (Viande Grillée)* ... 76
- *Fajitas de Pescado (Poisson)* ... 77
- *Fajitas de Cerdo (Porc)* ... 78
- *Fajitas de Res (Bœuf)* ... 79
- *Fajitas de Verduras (Légumes)* ... 80
- *Fajitas al Pastor* ... 81
- *Fajitas de Chicharrón (Peau de Porc Croustillante)* ... 82
- *Fajitas de Machaca (Viande Séchée)* ... 83

Le Tacos : Un Voyage Culinaire Entre Histoire et Saveurs

Histoire et Origine :

🌮 Le tacos, ce délice emblématique de la cuisine mexicaine, possède une histoire fascinante. Ses racines remontent aux civilisations anciennes du Mexique, où les habitants autochtones utilisaient des tortillas de maïs comme base pour envelopper leurs aliments. Le mot "taco" lui-même est dérivé du nahuatl, la langue des Aztèques, et signifie littéralement "enveloppe".

🌮 Les premiers tacos étaient simples, souvent remplis de poisson ou de viande grillée, accompagnés de quelques herbes et d'une sauce épicée. Au fil du temps, le taco a évolué pour inclure une multitude d'ingrédients et de saveurs, devenant ainsi l'un des plats les plus polyvalents et appréciés de la cuisine mexicaine.

Les Ingrédients de Base :

Bien que les variations de tacos soient infinies, certains ingrédients de base demeurent incontournables. La tortilla, qu'elle soit de maïs ou de farine de blé, constitue l'élément central du tacos. Ensuite, vient la protéine, généralement de la viande de bœuf, de poulet, de porc ou de poisson, cuite et assaisonnée selon les préférences régionales et individuelles.

Pour accompagner la protéine, on trouve souvent une variété de légumes, tels que la laitue, les tomates, les oignons et les avocats. Les sauces et les condiments sont également essentiels pour apporter une touche de saveur supplémentaire, allant du pico de gallo au guacamole en passant par la salsa et la crème sure.

Types de Tacos :

Tacos Mexicains : Ces tacos traditionnels se composent généralement d'une tortilla de maïs garnie de viande, de légumes et de sauces. Ils sont souvent simples mais délicieusement savoureux.
Tacos Français : Inspirés par la cuisine mexicaine mais adaptés aux goûts français, les tacos français peuvent inclure des ingrédients tels que du fromage fondu, des frites, de la crème fraîche et même du bœuf bourguignon.

Le burrito :
- Entièrement enfermé dans une grande tortilla
- Peut contenir du riz/des haricots
- Peut être arrosé de sauce (alias un « burrito humide »)

Le taco :
- Utilise traditionnellement une tortilla de la taille d'une paume
- Peut être servi ouvert ou plié en deux
- Contient une garniture protéinée + végétale

La Fajita
- En fait, une sorte de taco
- Habituellement servi avec de la viande grillée
- Tortila et des condiments généralement en accompagnement

Burritos : Bien qu'ils soient souvent associés à la cuisine tex-mex, les burritos partagent des similitudes avec les tacos. Ils sont enveloppés dans une grande tortilla de farine et remplis de viande, de haricots, de riz et de diverses garnitures.

Fajitas : Bien que techniquement distincts des tacos, les fajitas partagent de nombreuses similitudes. Les fajitas consistent en des lamelles de viande marinée et grillée, servies avec des poivrons et des oignons sautés, le tout enveloppé dans une tortilla de farine.

Conseils pour Réussir son Tacos :

Utilisez des ingrédients frais et de qualité pour obtenir les meilleures saveurs.
Assurez-vous de bien chauffer vos tortillas avant de les remplir, cela les rendra plus souples et moins susceptibles de se casser.
Équilibrez les saveurs en mélangeant des ingrédients sucrés, salés, acides et épicés dans votre garniture.
Ne surchargez pas votre taco, cela rendra difficile sa dégustation sans débordements.

Ustensiles :
Pour préparer des tacos, vous aurez besoin de quelques ustensiles de base :

- Une poêle ou un grill pour cuire la viande.
- Une spatule pour retourner la viande et les légumes pendant la cuisson.

- *Des couteaux pour couper les légumes et les garnitures.*
- *Des assiettes ou des bols pour disposer les différents ingrédients.*
- *Des pinces ou des cuillères pour remplir les tortillas.*
- *Des serviettes en papier pour se nettoyer les mains pendant la dégustation.*

En conclusion,
que vous optiez pour des tacos traditionnels mexicains ou des variations plus créatives, l'important est de savourer chaque bouchée de ce mets délicieux et polyvalent, qui incarne à lui seul l'esprit de la cuisine mexicaine et sa capacité à rassembler les gens autour d'une table.

Types de Farine : Une Exploration des Variétés et de Leurs Utilisations

Qu'est-ce que la farine ?

La farine est une poudre obtenue par le broyage de graines de céréales, de légumineuses et d'autres plantes. Elle résulte principalement de la mouture des grains de blé, mais peut également provenir de céréales telles que le seigle, le sarrasin, le maïs, le riz, ainsi que de légumes farineux tels que les châtaignes, les pois chiches et les lentilles.

La farine peut contenir des quantités variables de vitamines (B1, B2, PP et E) et de minéraux (phosphore, potassium, magnésium), présents en plus grande quantité dans l'enveloppe et le germe du grain.

Qu'est-ce que l'amidon ?

L'amidon est une substance extraite uniquement des graines de céréales, des racines et des tubercules tels que les pommes de terre, le manioc, l'igname et la maranta. Sous forme d'une fine poudre blanche, l'amidon est souvent utilisé pour épaissir les sauces et les crèmes, ou même en substitution partielle de la farine pour alléger les gâteaux. Les fécules de maïs (Maïzena), de pomme de terre et de maranta sont parmi les plus couramment utilisées. Toutes ces fécules sont sans gluten.

Classification des Farines par Teneur en Cendres

Les farines contiennent des matières minérales provenant du son, l'enveloppe du grain. Lors de l'incinération à 900°C, seuls les résidus minéraux subsistent sous forme de cendres. Le taux de cendres détermine la classification des farines.

Les Six Principaux Types de Farine :

Référence	Taux de Cendres	Description	Utilisation
T45	< 0,50%	Farine Blanche	Pâte à pâtisserie et à pizza
T55	0,50 - 0,60%	Farine Blanche	Pains blancs, tartes et pizzas
T65	0,62 - 0,75%	Farine Blanche	Pains de campagne, pains spéciaux, pâtes à pizza
T80	0,75 - 0,90%	Farine Brune/Semi-Complète	Pains spéciaux, pains semi-complets
T110/T130	1,00 - 1,20%	Farine Complète	Pains complets
T150	> 1,50%	Farine Complète dite "Intégrale"	Pains complets "intégraux"

Utilisation : Pains complets "intégraux".

Au sein de cette classification, la farine T45 est la plus pure et la plus blanche, tandis que la farine T150, dite "intégrale", conserve toutes les parties du grain de blé avec ses minéraux et vitamines (principalement B et E).

Conversions des mesures

Measures des liquides			Measures des masses	
Métriques	Traditionelles	Impériales	Métriques	Impériales
25 ml	1/8 tasse	-	30 g	1 oz
30 ml	1 oz	-	50 g	1 3/4 oz
60 ml	1/4 tasse	-	100 g	3 1/2 oz
75 ml	1/3 tasse	-	115 g	1/4 lb
125 ml	1/2 tasse	4 oz	150 g	1/3 lb
150 ml	2/3 tasse	-	200 g	7 oz
180 ml	3/4 tasse	-	225 g	1/2 lb
200 ml	4/5 tasse	-	300 g	10 1/2 oz
250 ml	1 tasse	8 oz	340 g	3/4 lb
310 ml	1 1/4 tasse	10 oz	454 g	1 lb

----------------------Avis de non-responsabilité nutritionnelle----------------------

- ❖ Les informations nutritionnelles sont fournies à titre gracieux et ne doivent être interprétées que comme une estimation plutôt qu'une garantie.
- ❖ Pour obtenir les informations nutritionnelles les plus précises dans une recette fournie, vous devez calculer les informations nutritionnelles avec les ingrédients exacts que vous utilisez lors de la préparation de la recette à l'aide de votre calculateur de nutrition préféré.

- *1 tasse (CUP) = 250 millilitres (ml)*
- *1 cuillère à soupe (CUILLÈRE À SOUPE) = 15 millilitres (ml)*
- *1 cuillère à café (CUILLÈRE À CAFÉ) = 5 millilitres (ml)*
- *1 once (oz) = 28,35 grammes (g)*
- *1 livre (lb) = 453,59 grammes (g)*
- *1 gallon (gal) = 3,79 litres (L)*
- *1LBS = 454 gramme*
- *1pint = 473 millilitres*

----1----Bases du tacos (pâtes, sauces, etc.) :

Pâte à Tacos Maison

T. Total :	25 min	à savoir:
Portions :	4	
difficulté	Facile	
Calories	250 kcals	

--------Ingrédients de la recette ---------

- 250 g de farine de blé dur
- 125 ml d'eau tiède
- 5 g de sel
- 15 ml d'huile d'olive

------- préparons notre recette !!!! -----

1- Dans un bol, mélanger la farine et le sel.
2- Ajouter l'eau tiède et l'huile d'olive, puis pétrir jusqu'à obtenir une pâte lisse et homogène.
3- Laisser reposer la pâte pendant 30 minutes dans un endroit chaud et humide.
4- Diviser la pâte en 12 boules et les étaler en tortillas fines à l'aide d'un rouleau à pâtisserie.
5- Cuire les tortillas dans une poêle sèche à feu moyen pendant 1 minute de chaque côté.
6- Garnir les tacos avec vos ingrédients préférés et servir chaud.

Sauce Salsa Mexicaine

⏱	**T. Total :**	15 min
👥	**Portions :**	4
📊	**difficulté**	Facile
🔥	**Calories**	50 kcals

à savoir:

---------Ingrédients de la recette --------

- 4 tomates (environ 400 g)
- 1 poivron rouge (environ 150 g)
- 1 oignon rouge (environ 100 g)
- 1 piment jalapeño (facultatif, environ 10 g)
- 1 gousse d'ail
- 15 ml de jus de citron vert
- 15 ml de coriandre fraîche hachée
- Sel et poivre au goût

----- préparons notre recette !!!! -----

1- Hacher les tomates, le poivron rouge, l'oignon rouge, le piment jalapeño (si utilisé) et l'ail.
2- Mélanger tous les ingrédients dans un bol.
3- Assaisonner avec du jus de citron vert, de la coriandre fraîche, du sel et du poivre.
4- Laisser reposer la salsa pendant au moins 30 minutes avant de servir.

Tortillas de Maïs Croustillantes

⏱	**T. Total :**	30 min
👥	**Portions :**	12
📊	**difficulté**	Facile
🔥	**Calories**	150 kcals

à savoir:

--------Ingrédients de la recette ---------

- 125 g de farine de maïs
- 125 ml d'eau tiède
- 5 g de sel

------- préparons notre recette !!!! -----

1- Dans un bol, mélanger la farine de maïs et le sel.
2- Ajouter l'eau tiède et mélanger jusqu'à obtenir une pâte lisse et homogène.
3- Laisser reposer la pâte pendant 10 minutes.
4- Diviser la pâte en 12 boules et les étaler en tortillas fines à l'aide d'une presse à tortillas ou d'un rouleau à pâtisserie.
5- Cuire les tortillas dans une poêle sèche à feu moyen pendant 30 secondes de chaque côté, ou jusqu'à

Sauce Crémeuse au Chipotle

T. Total :	15 min	**à savoir:**
Portions :	4	
difficulté	Facile	
Calories	150 kcals	

--------Ingrédients de la recette ----------

- 240 ml de crème fraîche épaisse
- 120 ml de mayonnaise
- 60 ml de sauce adobo au chipotle
- 1 gousse d'ail
- 15 ml de jus de citron vert
- Sel et poivre au goût

------- préparons notre recette !!!! -----

1- Dans un bol, mélanger la crème fraîche épaisse, la mayonnaise, la sauce adobo au chipotle, l'ail, le jus de citron vert, le sel et le poivre.
2- Laisser refroidir la sauce au réfrigérateur pendant au moins 30 minutes avant de servir

Guacamole Authentique

⏱	**T. Total :**	10 min	**à savoir:**
👥	**Portions :**	4	
📊	**difficulté**	Facile	
🔥	**Calories**	200 kcals	

-------- Ingrédients de la recette ----------

- 2 avocats mûrs
- 1 tomate (environ 150 g), épépinée et hachée
- 1/2 oignon rouge (environ 50 g), haché
- 1 piment jalapeño (facultatif, environ 5 g), épépiné et haché
- 1 gousse d'ail
- 15 ml de jus de citron vert
- 15 g de coriandre fraîche hachée
- Sel et poivre au goût

------- préparons notre recette !!!! -----

1- Écraser les avocats dans un bol.
2- Ajouter la tomate, l'oignon rouge, le piment jalapeño (si utilisé), l'ail, le jus de citron vert et la coriandre fraîche.
3- Assaisonner avec du sel et du poivre.
4- Servir immédiatement avec des chips tortilla.

Pico de Gallo Frais

⏱	T. Total :	10 min
👥	Portions :	4
📊	difficulté	Facile
🔥	Calories	50 kcals

à savoir:

--------Ingrédients de la recette --------

- 2 tomates roma (environ 200 g), finement hachées
- 1/2 oignon rouge (environ 50 g), finement haché
- 25 g de coriandre fraîche hachée
- 1 citron vert, jus et zeste
- 1 piment jalapeño finement haché (environ 5 g, facultatif)
- Sel et poivre au goût

------- préparons notre recette !!!! -----

1- Dans un bol, mélanger tous les ingrédients.
2- Assaisonner avec du sel et du poivre au goût.
3- Laisser reposer le pico de gallo pendant au moins 30 minutes avant de servir.
4- Servir avec des chips tortilla, des tacos ou des quesadillas.

Sauce Pesto

T. Total :	15 min	à savoir:
Portions :	4	
difficulté	Facile	
Calories	250 kcals	

--------Ingrédients de la recette ---------

- 50 g de feuilles de basilic frais
- 50 g de pignons de pin
- 50 g de parmesan râpé
- 2 gousses d'ail
- 125 ml d'huile d'olive
- Sel et poivre au goût

-------- préparons notre recette !!!! -----

1- Dans un robot culinaire, mélanger les feuilles de basilic, les pignons de pin, le parmesan, l'ail et l'huile d'olive.
2- Mixer jusqu'à obtenir une consistance lisse.
3- Assaisonner avec du sel et du poivre au goût.
4- Servir avec des pâtes, du poulet ou des légumes grillés.

Crème Sure Maison

⏱	**T. Total :**	12 heures
👥	**Portions :**	4
📊	**difficulté**	Facile
🔥	**Calories**	200 kcals

à savoir:

--------Ingrédients de la recette ----------

- 500 ml de crème fraîche épaisse
- 15 ml de jus de citron vert
- 2,5 g de sel

------- préparons notre recette !!!! -----

1. Dans un bol, fouetter la crème fraîche épaisse jusqu'à ce qu'elle soit ferme.
2. Incorporer le jus de citron vert et le sel.
3. Verser le mélange dans un bocal hermétique et réfrigérer pendant au moins 12 heures.
4. Servir avec des tacos, des burritos ou des pommes de terre cuites au four.

Sauce Tomatillos

⏱	**T. Total :**	30 min
👥	**Portions :**	4
📊	**difficulté**	Facile
🔥	**Calories**	100 kcals

à savoir:
Le TOMATILLO vert/blanc ou vert/violet. C'est le « physalis ixocarpa » ou « tomate verte du Mexique » ou tomatillos. Il appartient à la famille des Solanacées.

--------Ingrédients de la recette --------

- 500 g de tomatillos, épépinés et hachés
- 1 oignon rouge (environ 100 g), haché
- 2 gousses d'ail, hachées
- 1 piment jalapeño, épépiné et haché (environ 5 g, facultatif)
- 15 ml d'huile d'olive
- 5 g de coriandre en poudre
- 2,5 g de cumin en poudre
- Sel et poivre au goût

------- préparons notre recette !!!! -----

1. Dans une casserole, chauffer l'huile d'olive à feu moyen.
2. Ajouter l'oignon rouge et cuire jusqu'à ce qu'il soit translucide, environ 5 minutes.
3. Ajouter l'ail, le piment jalapeño (si utilisé), la coriandre en poudre et le cumin en poudre. Cuire pendant 1 minute supplémentaire.
4. Ajouter les tomatillos et 125 ml d'eau. Porter à ébullition, puis réduire le feu et laisser mijoter pendant 20 minutes, ou jusqu'à ce que les tomatillos soient tendres.
5. Laisser refroidir légèrement la sauce, puis la mixer jusqu'à obtenir une consistance lisse.
6. Assaisonner avec du sel et du poivre au goût.
7. Servir avec des tacos, des enchiladas ou des quesadillas.

----2----Recettes tacos mexicaines les plus célèbres :

Tacos al Pastor

			à savoir:
⏱	**T. Total :**	30 minutes	
👥	**Portions :**	6 portions	
📊	**difficulté**	Moyen	
🔥	**Calories**	400 kcal	

-------- **Ingrédients de la recette** ---------

Pour la marinade:
- 1 kg d'échine de porc, coupée en fines tranches
- 125 ml de jus d'ananas
- 60 ml de vinaigre blanc
- 30 ml de jus de citron vert
- 30 ml d'huile d'olive
- 10 g de cumin en poudre
- 5 g d'origan séché
- 5 g de piment chipotle en poudre
- 1 gousse d'ail, hachée
- Sel et poivre au goût

Pour les tortillas:
- 250 g de farine de maïs
- 125 ml d'eau tiède
- 5 g de sel

Pour la garniture:
- Ananas frais, coupé en tranches
- Oignon rouge, finement tranché
- Coriandre fraîche hachée
- Sauce salsa
- Sauce guacamole (facultatif)

-------- **préparons notre recette !!!!** -----

1. **Préparer la marinade:** Dans un grand bol, mélanger tous les ingrédients de la marinade. Ajouter les tranches de porc et bien enrober. Couvrir et réfrigérer pendant au moins 4 heures, ou toute la nuit.
2. **Préparer les tortillas:** Dans un bol, mélanger la farine de maïs, le sel et l'eau tiède. Pétrir jusqu'à obtenir une pâte lisse et homogène. Laisser reposer la pâte pendant 10 minutes. Diviser la pâte en 12 boules et les étaler en tortillas fines à l'aide d'une presse à tortillas ou d'un rouleau à pâtisserie. Cuire les tortillas dans une poêle sèche à feu moyen pendant 30 secondes de chaque côté, ou jusqu'à ce qu'elles soient dorées et croustillantes.
3. **Cuire le porc:** Faire chauffer une poêle à feu moyen-vif. Égoutter les tranches de porc de la marinade, en réservant la marinade. Cuire le porc dans la poêle jusqu'à ce qu'il soit doré et croustillant de tous les côtés.
4. **Assembler les tacos:** Pour chaque taco, chauffer une tortilla. Garnir de porc cuit, d'ananas, d'oignon rouge, de coriandre fraîche, de sauce salsa et de guacamole (facultatif). Servir immédiatement.

Tacos de Barbacoa

⏱	**T. Total :**	6 heures	**à savoir:**
👥	**Portions :**	6 portions	
📊	**difficulté**	Difficile	
🔥	**Calories**	550 kcal	

--------Ingrédients de la recette --------

Pour la viande:

- 1 kg de joue de bœuf désossée, coupée en morceaux de 2 cm
- 1 oignon blanc, coupé en quartiers
- 2 gousses d'ail, entières
- 2 feuilles de laurier
- 10 g de cumin en poudre
- 5 g de paprika fumé
- 2,5 g de cannelle moulue
- 1,25 g de clous de girofle moulus
- 60 ml de vinaigre de cidre
- Sel et poivre au goût
- Eau

Pour les tortillas:

- 250 g de farine de maïs
- 125 ml d'eau tiède
- 5 g de sel

Pour la garniture:

- Oignon blanc, finement tranché
- Coriandre fraîche hachée
- Citron vert, coupé en quartiers
- Sauce salsa
- Sauce guacamole (facultatif)

------- préparons notre recette !!!! -----

1. **Préparer la viande:** Dans une grande casserole, placer la viande, l'oignon, l'ail, les feuilles de laurier, les épices et le vinaigre de cidre. Ajouter suffisamment d'eau pour couvrir la viande. Porter à ébullition, puis réduire le feu et laisser mijoter à couvert pendant 4 à 5 heures, ou jusqu'à ce que la viande soit très tendre et se déchire facilement.
2. **Effilocher la viande:** Retirer la viande de la casserole et la laisser refroidir légèrement. Effilocher la viande à l'aide de deux fourchettes. Retirer les os, l'oignon et les feuilles de laurier du bouillon.
3. **Réduire le bouillon:** Augmenter le feu et laisser réduire le bouillon de moitié, jusqu'à ce qu'il épaississe légèrement. Retirer du feu et réserver.
4. **Préparer les tortillas:** Dans un bol, mélanger la farine de maïs, le sel et l'eau tiède. Pétrir jusqu'à obtenir une pâte lisse et homogène. Laisser reposer la pâte pendant 10 minutes. Diviser la pâte en 12 boules et les étaler en tortillas fines à l'aide d'une presse à tortillas ou

d'un rouleau à pâtisserie. Cuire les tortillas dans une poêle sèche à feu moyen pendant 30 secondes de chaque côté, ou jusqu'à ce qu'elles soient dorées et croustillantes.

5- *Assembler les tacos:* Pour chaque taco, chauffer une tortilla. Garnir de viande effilochée, d'oignon blanc, de coriandre fraîche, et arroser d'un peu de bouillon de cuisson. Servir avec des quartiers de citron vert, de la sauce salsa et de la sauce guacamole (facultatif).

6- *Remarque:* La barbacoa est traditionnellement cuite dans un trou creusé dans le sol, recouvert de feuilles de bananier et cuit au charbon de bois pendant plusieurs heures. Cette recette est une version simplifiée pouvant être réalisée à la maison.

Tacos de Carnitas

T. Total :	25 minutes	
Portions :	4 personnes	
difficulté	Facile	
Calories	124 kcal	

à savoir:
- Ajuster la quantité de cumin et d'origan selon vos préférences.
- Faire dorer le porc effiloché dans une poêle pour plus de saveur.

--------Ingrédients de la recette---------

- 2 kg d'épaule de porc, coupée en gros morceaux
- 125 ml de jus d'orange
- 60 ml de vinaigre blanc
- 30 ml de jus de citron vert
- 10 g de cumin en poudre
- 5 g d'origan séché
- 250 g de farine de maïs
- 125 ml d'eau tiède
- 5 g de sel
- Oignon rouge, finement tranché
- Coriandre fraîche hachée
- Sauce salsa
- Sauce guacamole (facultatif)

-------- préparons notre recette !!!! -----

1. Préparer la marinade: Mélanger le jus d'orange, le vinaigre blanc, le jus de citron vert, le cumin, l'origan, le sel et le poivre. Ajouter le porc et bien enrober. Laisser mariner au réfrigérateur pendant au moins 4 heures.
2.
3. Cuire le porc: Préchauffer le four à 160°C. Placer le porc mariné dans un plat allant au four et couvrir de papier aluminium. Cuire pendant 3 heures.
4.
5. Effilocher le porc: Retirer le porc du four et laisser refroidir légèrement. Effilocher le porc à l'aide de deux fourchettes.
6.
7. Préparer les tortillas: Mélanger la farine de maïs, le sel et l'eau tiède. Pétrir jusqu'à l'obtention d'une pâte lisse. Diviser la pâte en 12 boules et les étaler en tortillas fines. Cuire les tortillas dans une poêle sèche pendant 30 secondes de chaque côté.
8.
9. Assembler les tacos: Chauffer les tortillas. Garnir de porc effiloché, d'oignon rouge, de coriandre fraîche, de sauce salsa et de guacamole (facultatif). Servir immédiatement.

Tacos de Lengua

T. Total :	3H15 minutes	
Portions :	4 personnes	
difficulté	Facile	
Calories	321 kcal	

à savoir:
Vous pouvez utiliser le bouillon de cuisson de la langue pour faire une soupe ou un ragoût.
Pour des tacos de lengua encore plus savoureux, vous pouvez faire dorer la langue effilochée dans une poêle avec un peu d'huile d'olive avant de l'assembler dans les tacos.

--------Ingrédients de la recette ---------

- 1 langue de bœuf dégraissée, coupée en deux
- 1 oignon blanc, coupé en quartiers
- 2 carottes, coupées en gros morceaux
- 2 branches de céleri, coupées en gros morceaux
- 1 tête d'ail, entière
- 1 feuille de laurier
- 10 g de cumin en poudre
- 5 g d'origan séché
- 1,25 g de poivre en grains
- 60 ml de vinaigre de vin rouge
- Sel et poivre au goût
- Eau

- Tortillas
- Oignon rouge, finement tranché
- Coriandre fraîche hachée
- Sauce salsa
- Sauce guacamole (facultatif)

------- préparons notre recette !!!! -----

1- **Cuire la langue:** Placer la langue dans une grande casserole et couvrir d'eau froide. Ajouter l'oignon, les carottes, le céleri, l'ail, le laurier, le cumin, l'origan, le poivre en grains, le vinaigre de vin rouge, le sel et le poivre. Porter à ébullition, puis réduire le feu et laisser mijoter pendant 3 heures, ou jusqu'à ce que la langue soit tendre.
2- **Effilocher la langue:** Retirer la langue de la casserole et laisser refroidir légèrement. Effilocher la langue à l'aide de deux fourchettes.
3- **Préparer les tortillas:** Suivre les instructions de la recette des Tacos de Carnitas pour préparer les tortillas.
4- **Assembler les tacos:** Chauffer les tortillas. Garnir de langue effilochée, d'oignon rouge, de coriandre fraîche, de sauce salsa et de guacamole (facultatif). Servir immédiatement.

Tacos de Cabeza

T. Total :	3H45 minutes	
Portions :	4 personnes	
difficulté	Facile	
Calories	289 kcal	

à savoir:
Vous pouvez utiliser le bouillon de cuisson de la tête de veau pour faire une soupe ou un ragoût.
Pour des tacos de cabeza encore plus savoureux, vous pouvez faire dorer la tête de veau hachée dans une poêle avec un peu d'huile d'olive avant de l'assembler dans les tacos.

--------Ingrédients de la recette ----------

- 1 tête de veau coupée en deux
- 1 oignon blanc, coupé en quartiers
- 2 carottes, coupées en gros morceaux
- 2 branches de céleri, coupées en gros morceaux
- 1 tête d'ail, entière
- 1 feuille de laurier
- 10 g de cumin en poudre
- Eau
- Tortillas
- Oignon rouge, finement tranché
- Coriandre fraîche hachée
- Sauce salsa
- Sauce guacamole (facultatif)
- 5 g d'origan séché
- 1,25 g de poivre en grains
- 60 ml de vinaigre de vin rouge
- Sel et poivre au goût

------- préparons notre recette !!!! -----

1. **Cuire la tête de veau:** Placer la tête de veau dans une grande casserole et couvrir d'eau froide. Ajouter l'oignon, les carottes, le céleri, l'ail, le laurier, le cumin, l'origan, le poivre en grains, le vinaigre de vin rouge, le sel et le poivre. Porter à ébullition, puis réduire le feu et laisser mijoter pendant 3 heures, ou jusqu'à ce que la tête de veau soit tendre.
2. **Hacher la tête de veau:** Retirer la tête de veau de la casserole et laisser refroidir légèrement. Hacher la tête de veau en petits morceaux.
3. **Préparer les tortillas:** Suivre les instructions de la recette des Tacos de Carnitas pour préparer les tortillas.
4. **Assembler les tacos:** Chauffer les tortillas. Garnir de tête de veau hachée, d'oignon rouge, de coriandre fraîche, de sauce salsa et de guacamole (facultatif). Servir immédiatement.

Tacos de Chicharrón (Peau de Porc Croustillante)

⏱	**T. Total :**	35 minutes
👥	**Portions :**	4 personnes
📊	**difficulté**	Facile
🔥	**Calories**	156 kcal

à savoir:
Vous pouvez utiliser de l'huile de coco ou de l'huile d'arachide pour la friture.
Pour des tacos de chicharrón encore plus savoureux, vous pouvez faire mariner la peau de porc dans un mélange d'épices pendant 30 minutes avant de la frire.

--------Ingrédients de la recette ----------

- 250 g de peau de porc, coupée en fines lamelles
- 1 litre d'huile végétale
- Sel au goût
- Tortillas
- Oignon rouge, finement tranché
- Coriandre fraîche hachée
- Sauce salsa
- Sauce guacamole (facultatif)

------- préparons notre recette !!!! -----

1- **Faire frire la peau de porc:** Dans une grande casserole, chauffer l'huile à feu moyen-vif. Ajouter la peau de porc et frire jusqu'à ce qu'elle soit dorée et croustillante, environ 5 minutes. Égoutter sur du papier absorbant et saupoudrer de sel.
2- **Préparer les tortillas:** Suivre les instructions de la recette des Tacos de Carnitas pour préparer les tortillas.
3- **Assembler les tacos:** Chauffer les tortillas. Garnir de chicharrón (peau de porc croustillante), d'oignon rouge, de coriandre fraîche, de sauce salsa et de guacamole (facultatif). Servir immédiatement.

Tacos de Nopales (Cactus)

T. Total :	25 minutes
Portions :	4 personnes
difficulté	Facile
Calories	126 kcal

à savoir:
Vous pouvez utiliser des nopales frais ou en conserve.
Pour des tacos de nopales encore plus savoureux, vous pouvez ajouter des épices comme du cumin, du chili en poudre ou de l'origan.

--------Ingrédients de la recette ---------

- *500 g de nopales (cactus), coupés en fines lamelles*
- *1 oignon blanc, finement haché*
- *1 gousse d'ail, hachée*
- *1 cuillère à soupe d'huile d'olive*
- *Sel et poivre au goût*
- *Tortillas*
- *Oignon rouge, finement tranché*
- *Coriandre fraîche hachée*
- *Sauce salsa*
- *Sauce guacamole (facultatif)*

------- préparons notre recette !!!! -----

1- *Cuire les nopales: Dans une grande casserole, faire chauffer l'huile d'olive à feu moyen. Ajouter l'oignon et l'ail et faire revenir jusqu'à ce qu'ils soient tendres, environ 5 minutes. Ajouter les nopales, le sel et le poivre et cuire pendant 10 minutes, ou jusqu'à ce que les nopales soient tendres.*
2- *Préparer les tortillas: Suivre les instructions de la recette des Tacos de Carnitas pour préparer les tortillas.*
3- *Assembler les tacos: Chauffer les tortillas. Garnir de nopales cuits, d'oignon rouge, de coriandre fraîche, de sauce salsa et de guacamole (facultatif). Servir immédiatement.*

Tacos de Pescado (Poisson)

⏱	**T. Total :**	20 minutes	**à savoir:** Vous pouvez utiliser d'autres types de poisson blanc, comme de la sole, du haddock ou du flétan. Pour des tacos de pescado encore plus savoureux, vous pouvez mariner le poisson dans un mélange d'épices pendant 30 minutes avant de le cuire.
👥	**Portions :**	4 personnes	
📊	**difficulté**	Facile	
🔥	**Calories**	145 kcal	

--------Ingrédients de la recette ----------

- 🌮 450 g de filet de poisson blanc (comme du cabillaud, du tilapia ou de la morue), coupé en morceaux de 2 cm
- 🌮 1 cuillère à soupe d'huile d'olive
- 🌮 Sel et poivre au goût
- 🌮 1 citron vert, coupé en quartiers
- 🌮 Tortillas
- 🌮 Oignon rouge, finement tranché
- 🌮 Coriandre fraîche hachée
- 🌮 Sauce salsa
- 🌮 Sauce guacamole (facultatif)

------- préparons notre recette !!!! -----

1- **Cuire le poisson:** Dans une grande poêle, faire chauffer l'huile d'olive à feu moyen. Assaisonner le poisson de sel et de poivre. Faire cuire le poisson pendant 3 à 5 minutes de chaque côté, ou jusqu'à ce qu'il soit cuit.

2- **Préparer les tortillas:** Suivre les instructions de la recette des Tacos de Carnitas pour préparer les tortillas.

3- **Assembler les tacos:** Chauffer les tortillas. Garnir de poisson cuit, d'oignon rouge, de coriandre fraîche, de sauce salsa et de guacamole (facultatif). Arroser du jus de citron vert et servir immédiatement.

Tacos de Camarones (Crevettes)

T. Total :	20 minutes
Portions :	4 personnes
difficulté	Facile
Calories	2 134 kcal

à savoir: Vous pouvez utiliser des crevettes surgelées, décongelées au préalable.

--------Ingrédients de la recette ----------

- 500 g de crevettes décortiquées et déveinées
- 1 cuillère à soupe d'huile d'olive
- Sel et poivre au goût
- 1 citron vert, coupé en quartiers
- Tortillas
- Oignon rouge, finement tranché
- Coriandre fraîche hachée
- Sauce salsa
- Sauce guacamole (facultatif)

------- préparons notre recette !!!! -----

1- **Cuire les crevettes:** Dans une grande poêle, faire chauffer l'huile d'olive à feu moyen-vif. Assaisonner les crevettes de sel et de poivre. Faire cuire les crevettes pendant 2 à 3 minutes de chaque côté, ou jusqu'à ce qu'elles soient roses et cuites.

2- **Préparer les tortillas:** Suivre les instructions de la recette des Tacos de Carnitas pour préparer les tortillas.

3- **Assembler les tacos:** Chauffer les tortillas. Garnir de crevettes cuites, d'oignon rouge, de coriandre fraîche, de sauce salsa et de guacamole (facultatif). Arroser du jus de citron vert et servir immédiatement.

Tacos de Pollo (Poulet)

	T. Total :	15 min	à savoir:
	Portions :	4 personnes	
	difficulté	Facile	
	Calories	300 kcal	

-------- Ingrédients de la recette ----------

- 500 g de blanc de poulet coupé en cubes
- 15 ml d'huile d'olive
- 1 oignon haché
- 1 gousse d'ail hachée
- 5 g de cumin
- 2.5 g de piment en poudre (facultatif)
- 60 ml de bouillon de poulet ou d'eau
- Sel et poivre

- Jus de citron vert (facultatif)
- Tortillas de maïs
- Oignon rouge tranché finement
- Coriandre fraîche hachée
- Sauce salsa
- Sauce guacamole (facultatif) ou avocat pour la déco

------- préparons notre recette !!!! -----

1- Chauffer l'huile d'olive dans une poêle à feu moyen. Faire revenir le poulet jusqu'à ce qu'il soit doré (environ 5 minutes).
2- Ajouter l'oignon et l'ail, cuire 2 minutes de plus.
3- Incorporer le cumin, le piment (facultatif), le sel et le poivre. Cuire 1 minute.
4- Verser le bouillon ou l'eau, porter à ébullition. Réduire le feu, couvrir et laisser mijoter 5 minutes, ou jusqu'à ce que le poulet soit cuit.
5- Effilocher le poulet avec deux fourchettes (facultatif).
6- Chauffer les tortillas.
7- Garnir chaque tortilla de poulet, oignon rouge, coriandre, sauce salsa et guacamole (facultatif). Arroser de jus de citron vert (facultatif) et savourer !

Tacos de Chorizo

⏱	**T. Total :**	20 min	*à savoir:*
👥	**Portions :**	4 personnes	
📊	**difficulté**	Facile	
🔥	**Calories**	360 kcal	

--------Ingrédients de la recette ----------

- 300 g de chorizo, coupé en tranches
- 15 ml d'huile d'olive
- 1 oignon, émincé
- 1 poivron rouge, coupé en dés
- 1 poivron vert, coupé en dés
- 2 gousses d'ail, émincées
- 5 g de paprika
- 5 g de cumin
- Sel et poivre
- Tortillas de maïs
- Fromage râpé (facultatif)
- Coriandre fraîche hachée
- Sauce salsa

------- préparons notre recette !!!! -----

1- Chauffer l'huile d'olive dans une poêle à feu moyen. Ajouter le chorizo et faire revenir jusqu'à ce qu'il soit légèrement doré.
2- Ajouter l'oignon, les poivrons et l'ail. Faire revenir jusqu'à ce que les légumes soient tendres.
3- Incorporer le paprika, le cumin, le sel et le poivre. Cuire encore 1 minute.
4- Réchauffer les tortillas.
5- Garnir chaque tortilla avec le mélange de chorizo et de légumes.
6- Ajouter du fromage râpé si désiré, de la coriandre fraîche et de la sauce salsa.
7- Enrouler les tortillas et savourer !

Tacos de Huitlacoche (Champignon Cornu)

			à savoir:
⏱	**T. Total :**	25 min	
👥	**Portions :**	4 personnes	
📊	**difficulté**	Facile	
🔥	**Calories**	320 kcal	

--------Ingrédients de la recette ---------

- 200 g de huitlacoche (champignon cornu), égoutté et rincé
- 15 ml d'huile d'olive
- 1 oignon, haché
- 2 gousses d'ail, émincées
- 1 piment serrano, épépiné et haché finement
- Sel et poivre
- Tortillas de maïs
- Fromage cotija émietté (ou feta)
- Coriandre fraîche hachée
- Sauce salsa

-------- préparons notre recette !!!! -----

1. Chauffer l'huile d'olive dans une poêle à feu moyen. Ajouter l'oignon, l'ail et le piment serrano, faire revenir jusqu'à ce qu'ils soient tendres.
2. Ajouter le huitlacoche et faire cuire pendant environ 10 minutes, en remuant de temps en temps, jusqu'à ce qu'il soit bien chaud.
3. Assaisonner avec du sel et du poivre selon votre goût.
4. Réchauffer les tortillas.
5. Garnir chaque tortilla avec le mélange de huitlacoche, du fromage cotija émietté, de la coriandre fraîche et de la sauce salsa.
6. Servir chaud et déguster !

Tacos de Rajas con Queso (Piments Rajas avec Fromage)

⏱	T. Total :	30 min	à savoir:
👥	Portions :	4 personnes	
📊	difficulté	Moyen	
🔥	Calories	380 kcal	

--------Ingrédients de la recette ---------

- 3 piments poblanos, grillés, pelés, épépinés et coupés en lanières
- 15 ml d'huile d'olive
- 1 oignon, tranché finement
- 2 gousses d'ail, émincées
- 200 g de fromage Oaxaca ou Monterey Jack, râpé
- Sel et poivre
- Tortillas de maïs
- Coriandre fraîche hachée
- Sauce salsa
- 25 g de maïs facultatif

------- préparons notre recette !!!! -----

1- Chauffer l'huile d'olive dans une poêle à feu moyen. Ajouter l'oignon et l'ail, faire revenir jusqu'à ce qu'ils soient tendres.
2- Ajouter les lanières de piments poblanos et faire sauter pendant quelques minutes.
3- Incorporer le fromage râpé et laisser fondre jusqu'à ce que le mélange soit bien chaud et crémeux.
4- Assaisonner avec du sel et du poivre selon votre goût.
5- Réchauffer les tortillas.
6- Garnir chaque tortilla avec le mélange de piments et de fromage, de la coriandre fraîche et de la sauce salsa.
7- Servir chaud et déguster !

Tacos de Tripitas (Tripes)

⏱	**T. Total :**	50 min	*à savoir:*
👥	**Portions :**	4 personnes	
📊	**difficulté**	Moyen	
🔥	**Calories**	380 kcal	

--------Ingrédients de la recette ----------

- 500 g de tripes de bœuf, nettoyées et coupées en morceaux
- 15 ml d'huile végétale
- 1 oignon, haché
- 2 gousses d'ail, émincées
- 1 tomate, hachée
- 5 g de paprika
- 5 g de cumin
- Sel et poivre
- Tortillas de maïs
- Oignon blanc tranché finement
- Coriandre fraîche hachée
- Sauce salsa

------- préparons notre recette !!!! -----

1- Dans une casserole d'eau bouillante, faire blanchir les tripes pendant environ 10 minutes. Égoutter et rincer sous l'eau froide.
2- Chauffer l'huile végétale dans une poêle à feu moyen. Ajouter l'oignon et l'ail, faire revenir jusqu'à ce qu'ils soient tendres.
3- Ajouter les morceaux de tripes et faire revenir jusqu'à ce qu'ils soient dorés.
4- Incorporer la tomate, le paprika, le cumin, le sel et le poivre. Bien mélanger.
5- Réduire le feu et laisser mijoter à couvert pendant environ 30 minutes, ou jusqu'à ce que les tripes soient tendres.
6- Réchauffer les tortillas.
7- Garnir chaque tortilla avec les tripes, l'oignon blanc, la coriandre fraîche et la sauce salsa.
8- Servir chaud et déguster !

Tacos de Suadero (Viande de Bœuf)

⏱	T. Total :	40 min
👥	Portions :	4 personnes
📊	difficulté	Moyen
🔥	Calories	420 kcal

à savoir:

------- Ingrédients de la recette ----------

- 500 g de suadero (flanc de bœuf) coupé en morceaux
- 15 ml d'huile végétale
- 1 oignon, haché
- 2 gousses d'ail, émincées
- 5 g de paprika
- 5 g de cumin
- Sel et poivre
- Tortillas de maïs
- Oignon blanc tranché finement
- Coriandre fraîche hachée
- Sauce salsa

------- préparons notre recette !!!! -----

1- Chauffer l'huile végétale dans une poêle à feu moyen. Ajouter l'oignon et l'ail, faire revenir jusqu'à ce qu'ils soient tendres.
2- Ajouter les morceaux de suadero et faire dorer de tous les côtés.
3- Incorporer le paprika, le cumin, le sel et le poivre. Bien mélanger.
4- Réduire le feu et laisser mijoter à couvert pendant environ 30 minutes, ou jusqu'à ce que la viande soit tendre.
5- Réchauffer les tortillas.
6- Garnir chaque tortilla avec la viande de suadero, de l'oignon blanc, de la coriandre fraîche et de la sauce salsa.
7- Servir chaud et déguster !

Tacos de Machaca (Viande Séchée)

⏱	**T. Total :**	35 min
👥	**Portions :**	4 personnes
📊	**difficulté**	Moyen
🔥	**Calories**	380 kcal

à savoir:

--------Ingrédients de la recette ---------

- 300 g de machaca (viande de bœuf séchée), réhydratée et émiettée
- 15 ml d'huile végétale
- 1 oignon, haché
- 2 gousses d'ail, émincées
- 1 tomate, hachée
- 5 g de paprika
- 5 g de cumin
- Sel et poivre
- Tortillas de maïs
- Oignon blanc tranché finement
- Coriandre fraîche hachée
- Sauce guacamole

------- préparons notre recette !!!! -----

1- Chauffer l'huile végétale dans une poêle à feu moyen. Ajouter l'oignon et l'ail, faire revenir jusqu'à ce qu'ils soient tendres.
2- Ajouter la machaca réhydratée et émiettée, faire sauter quelques minutes.
3- Incorporer la tomate, le paprika, le cumin, le sel et le poivre. Bien mélanger.
4- Réduire le feu et laisser mijoter à couvert pendant environ 20 minutes, en remuant de temps en temps.
5- Réchauffer les tortillas.
6- Garnir chaque tortilla avec la machaca, l'oignon blanc, la coriandre fraîche et la sauce salsa.
7- Servir chaud et déguster !

Tacos de Escamoles (Larves de Fourmi)

⏱	**T. Total :**	30 min	**à savoir:**
👥	**Portions :**	4 personnes	
📊	**difficulté**	Moyen	
🔥	**Calories**	250 kcal	

--------Ingrédients de la recette ---------

- 200 g d'escamoles (larves de fourmi), nettoyées
- 15 ml d'huile d'olive
- 1 oignon, haché
- 2 gousses d'ail, émincées
- 1 piment serrano, épépiné et haché finement
- 1 tomate, hachée
- Sel et poivre
- Tortillas de maïs
- Oignon blanc tranché finement
- Coriandre fraîche hachée
- Sauce salsa

------- préparons notre recette !!!! -----

1- Chauffer l'huile d'olive dans une poêle à feu moyen. Ajouter l'oignon, l'ail et le piment serrano, faire revenir jusqu'à ce qu'ils soient tendres.
2- Ajouter les escamoles et faire cuire pendant environ 10 minutes, en remuant de temps en temps, jusqu'à ce qu'elles soient bien cuites.
3- Incorporer la tomate, le sel et le poivre. Bien mélanger.
4- Réchauffer les tortillas.
5- Garnir chaque tortilla avec les escamoles, l'oignon blanc, la coriandre fraîche et la sauce salsa.
6- Servir chaud et déguster !

Tacos de Chile Relleno (Piments Farcis)

⏱	**T. Total :**	45 min
👥	**Portions :**	4 personnes
📊	**difficulté**	Moyen
🔥	**Calories**	320 kcal

à savoir:

-------- Ingrédients de la recette ---------

- 4 gros piments poblano
- 200 g de fromage Oaxaca ou Monterey Jack, coupé en lanières
- 3 œufs, séparés
- 60 g de farine
- 15 ml d'huile végétale
- Sel et poivre
- Tortillas de maïs
- Coriandre fraîche hachée
- Sauce salsa

------- préparons notre recette !!!! -----

1. Griller les piments poblano sur une flamme ou sous le gril du four jusqu'à ce qu'ils soient noircis et cloqués. Mettre les piments dans un sac en plastique et laisser refroidir. Peler les piments, enlever les graines et les membranes.
2. Farcir chaque piment avec les lanières de fromage.
3. Dans un bol, battre les blancs d'œufs en neige ferme. Incorporer les jaunes d'œufs.
4. Passer chaque piment farci dans la farine, puis dans le mélange d'œufs.
5. Dans une poêle, chauffer l'huile à feu moyen. Faire frire les piments farcis jusqu'à ce qu'ils soient dorés des deux côtés.
6. Réchauffer les tortillas.
7. Garnir chaque tortilla avec un piment farci, de la coriandre fraîche et de la sauce salsa.
8. Servir chaud et déguster !

Tacos de Chapulines (Sauterelles)

			à savoir:
⏱	**T. Total :**	20 min	
👥	**Portions :**	4 personnes	
📊	**difficulté**	Facile	
🔥	**Calories**	220 kcal	

------Ingrédients de la recette----------

- 200 g de chapulines (sauterelles), nettoyés et grillés
- 15 ml d'huile d'olive
- 1 oignon, haché
- 2 gousses d'ail, émincées
- 1 piment serrano, épépiné et haché finement
- Sel et poivre
- Tortillas de maïs
- Oignon blanc tranché finement
- Coriandre fraîche hachée
- Sauce salsa

------ préparons notre recette !!!! -----

1- Chauffer l'huile d'olive dans une poêle à feu moyen. Ajouter l'oignon, l'ail et le piment serrano, faire revenir jusqu'à ce qu'ils soient tendres.
2- Ajouter les chapulines grillés et faire sauter pendant quelques minutes. Assaisonner avec du sel et du poivre selon votre goût.
3- Réchauffer les tortillas.
4- Garnir chaque tortilla avec les chapulines, l'oignon blanc, la coriandre fraîche et la sauce salsa.
5- Servir chaud et déguster !

Tacos de Cecina (Viande Séchée)

⏱	**T. Total :**	25 min
👥	**Portions :**	4 personnes
📊	**difficulté**	Facile
🔥	**Calories**	350 kcal

à savoir:

--------Ingrédients de la recette ---------

- 300 g de cecina (viande de bœuf séchée), tranchée finement
- 15 ml d'huile d'olive
- 1 oignon, haché
- 2 gousses d'ail, émincées
- Sel et poivre
- Tortillas de maïs
- Oignon blanc tranché finement
- Coriandre fraîche hachée
- Sauce salsa

------- préparons notre recette !!!! -----

1- Chauffer l'huile d'olive dans une poêle à feu moyen. Ajouter l'oignon et l'ail, faire revenir jusqu'à ce qu'ils soient tendres.
2- Ajouter les tranches de cecina et faire dorer des deux côtés. Assaisonner avec du sel et du poivre selon votre goût.
3- Réchauffer les tortillas.
4- Garnir chaque tortilla avec la cecina, l'oignon blanc, la coriandre fraîche et la sauce salsa.
5- Servir chaud et déguster !

Tacos de Cochinita Pibil (Porc Mariné)

T. Total :	3h 30 min (Marinade incluse)	**à savoir:**
Portions :	4 personnes	
difficulté	Moyen	
Calories	400 kcal	

--------Ingrédients de la recette ----------

- 500 g d'épaule de porc, coupée en morceaux
- 60 ml de jus d'orange
- 30 ml de jus de citron vert
- 2 gousses d'ail, émincées
- 5 g de poudre de cumin
- 5 g de paprika
- 5 g de sel
- 5 g de poivre noir moulu
- 4 feuilles de laurier
- Tortillas de maïs
- Oignon rouge tranché finement
- Coriandre fraîche hachée
- Sauce salsa

------- préparons notre recette !!!! -----

1- Dans un grand bol, mélanger le jus d'orange, le jus de citron vert, l'ail, le cumin, le paprika, le sel et le poivre. Ajouter les morceaux de porc et les feuilles de laurier. Couvrir et laisser mariner au réfrigérateur pendant au moins 3 heures, idéalement toute une nuit.
2- Préchauffer le four à 150°C (300°F).
3- Transférer la viande et la marinade dans un plat allant au four. Couvrir de papier aluminium et cuire au four pendant environ 3 heures, jusqu'à ce que la viande soit tendre et puisse être facilement effilochée à la fourchette.
4- Réchauffer les tortillas.
5- Garnir chaque tortilla avec la cochinita pibil effilochée, de l'oignon rouge, de la coriandre fraîche et de la sauce salsa.
6- Servir chaud et déguster !

Tacos d'Adobada (Viande Marinée)

T. Total	35 min (Marinade incluse)	
Portions	4 personnes	
difficulté	Moyen	
Calories	380 kcal	

à savoir:

-------- Ingrédients de la recette ----------

- 500 g de viande de porc (échine ou épaule), coupée en fines tranches
- 60 ml de vinaigre de cidre
- 30 ml de sauce adobo
- 2 gousses d'ail, émincées
- 5 g de paprika
- 5 g de cumin
- 5 g d'origan séché
- Sel et poivre
- Tortillas de maïs
- Oignon blanc tranché finement
- Coriandre fraîche hachée
- Sauce salsa

------- préparons notre recette !!!! -----

1- Dans un grand bol, mélanger le vinaigre de cidre, la sauce adobo, l'ail, le paprika, le cumin, l'origan, le sel et le poivre. Ajouter les tranches de viande de porc et bien enrober. Laisser mariner au réfrigérateur pendant au moins 30 minutes, idéalement toute une nuit.
2- Chauffer une poêle à feu moyen. Ajouter la viande marinée et cuire jusqu'à ce qu'elle soit bien dorée et cuite à travers, environ 8 à 10 minutes.
3- Réchauffer les tortillas.
4- Garnir chaque tortilla avec la viande de porc adobada, de l'oignon blanc, de la coriandre fraîche et de la sauce salsa.
5- Servir chaud et déguster !

Tacos de Tinga (Viande de Poulet Épicée)

⏱	**T. Total :**	40 min	*à savoir:*
👥	**Portions :**	4 personnes	
📊	**difficulté**	Moyen	
🔥	**Calories**	320 kcal	

--------Ingrédients de la recette---------

- 500 g de poitrine de poulet, cuite et effilochée
- 15 ml d'huile végétale
- 1 oignon, haché
- 2 gousses d'ail, émincées
- 2 tomates, hachées
- 30 ml de sauce chipotle en adobo
- 5 g de paprika
- Tortillas de maïs
- Oignon blanc tranché finement
- Coriandre fraîche hachée
- Sauce salsa
- 5 g de cumin
- Sel et poivre

------- préparons notre recette !!!! -----

1. Dans une poêle, chauffer l'huile à feu moyen. Ajouter l'oignon et l'ail, faire revenir jusqu'à ce qu'ils soient tendres.
2. Ajouter les tomates et cuire jusqu'à ce qu'elles soient ramollies.
3. Incorporer la sauce chipotle en adobo, le paprika, le cumin, le sel et le poivre. Bien mélanger.
4. Ajouter le poulet effiloché et cuire pendant quelques minutes, en remuant de temps en temps.
5. Réchauffer les tortillas.
6. Garnir chaque tortilla avec la tinga de poulet, l'oignon blanc, la coriandre fraîche et la sauce salsa.
7. Servir chaud et déguster !

Tacos de Cuitlacoche (Champignon Cornu)

			à savoir:
⏱	T. Total :	30 min	
👥	Portions :	4 personnes	
📊	difficulté	Facile	
🔥	Calories	250 kcal	

--------Ingrédients de la recette ---------

- 200 g de cuitlacoche (champignon cornu), égoutté et rincé
- 15 ml d'huile d'olive
- 1 oignon, haché
- 2 gousses d'ail, émincées
- Sel et poivre
- Tortillas de maïs
- Oignon blanc tranché finement
- Coriandre fraîche hachée
- Sauce salsa

------- préparons notre recette !!!! -----

1- Chauffer l'huile d'olive dans une poêle à feu moyen. Ajouter l'oignon et l'ail, faire revenir jusqu'à ce qu'ils soient tendres.
2- Ajouter le cuitlacoche égoutté et rincé, faire sauter pendant quelques minutes. Assaisonner avec du sel et du poivre selon votre goût.
3- Réchauffer les tortillas.
4- Garnir chaque tortilla avec le cuitlacoche, l'oignon blanc, la coriandre fraîche et la sauce salsa.
5- Servir chaud et déguster !

Tacos de Birria de Res (Viande de Bœuf Mijotée)

⏱	**T. Total :**	2h 30 min
👥	**Portions :**	4
📊	**difficulté**	Moyen
🔥	**Calories**	380 kcal

à savoir:

--------Ingrédients de la recette ---------

- 500 g de viande de bœuf (jarret, poitrine), coupée en morceaux
- 1 oignon, haché
- 2 gousses d'ail, émincées
- 2 tomates, hachées
- 1 piment chipotle en adobo, haché (ajuster selon le goût)
- 500 ml de bouillon de bœuf
- Tortillas de maïs
- Oignon blanc tranché finement
- Coriandre fraîche hachée
- Sauce salsa
- 5 g de paprika
- 5 g de cumin
- 5 g d'origan séché
- Sel et poivre

------- préparons notre recette !!!! -----

1. Dans une grande casserole, chauffer un peu d'huile à feu moyen. Ajouter l'oignon et l'ail, faire revenir jusqu'à ce qu'ils soient tendres.
2. Ajouter les morceaux de viande de bœuf et faire dorer de tous les côtés.
3. Incorporer les tomates, le piment chipotle en adobo, le paprika, le cumin, l'origan, le sel et le poivre. Bien mélanger.
4. Verser le bouillon de bœuf dans la casserole. Porter à ébullition, puis réduire le feu et laisser mijoter à couvert pendant environ 2 heures, jusqu'à ce que la viande soit tendre et puisse être facilement effilochée.
5. Réchauffer les tortillas.
6. Garnir chaque tortilla avec la birria de bœuf, l'oignon blanc, la coriandre fraîche et la sauce salsa.
7. Servir chaud et déguster !

Tacos d'Alambre (Viande Grillée)

T. Total :	25 min	à savoir:
Portions :	4	
difficulté	Facile	
Calories	350 kcal	

--------Ingrédients de la recette --------

- 300 g de bœuf (filet, contre-filet), coupé en lanières
- 200 g de bacon, coupé en morceaux
- 1 poivron rouge, coupé en lanières
- 1 poivron vert, coupé en lanières
- 1 oignon, coupé en lanières
- Sel et poivre
- 15 ml d'huile d'olive
- Tortillas de maïs
- Oignon blanc tranché finement
- Coriandre fraîche hachée
- Sauce salsa

------- préparons notre recette !!!! -----

1. Dans une poêle, chauffer l'huile d'olive à feu moyen. Ajouter les lanières de bœuf et faire revenir jusqu'à ce qu'elles soient dorées.
2. Ajouter le bacon et cuire jusqu'à ce qu'il soit croustillant.
3. Incorporer les lanières de poivron et d'oignon. Faire sauter jusqu'à ce que les légumes soient tendres.
4. Assaisonner avec du sel et du poivre selon votre goût.
5. Réchauffer les tortillas.
6. Garnir chaque tortilla avec le mélange de viande et de légumes, l'oignon blanc, la coriandre fraîche et la sauce salsa.
7. Servir chaud et déguster !

Tacos de Chuleta (Côtelette de Porc)

⏱	**T. Total :**	30 min
👥	**Portions :**	4
📊	**difficulté**	Facile
🔥	**Calories**	320 kcal

à savoir:

--------Ingrédients de la recette ----------

- 500 g de côtelettes de porc
- Sel et poivre
- 15 ml d'huile d'olive
- 1 oignon, tranché finement
- 2 gousses d'ail, émincées
- 5 g de paprika
- 5 g de cumin
- Tortillas de maïs
- Oignon blanc tranché finement
- Coriandre fraîche hachée
- Sauce salsa

------- préparons notre recette !!!! -----

1- Assaisonner les côtelettes de porc avec du sel et du poivre.
2- Dans une poêle, chauffer l'huile à feu moyen. Ajouter les côtelettes de porc et les faire dorer des deux côtés, environ 5 minutes de chaque côté. Retirer de la poêle et réserver.
3- Dans la même poêle, ajouter un peu plus d'huile si nécessaire. Faire revenir l'oignon et l'ail jusqu'à ce qu'ils soient tendres.
4- Ajouter les tomates, le paprika et le cumin. Cuire pendant quelques minutes jusqu'à ce que les tomates commencent à se décomposer.
5- Remettre les côtelettes de porc dans la poêle et cuire encore quelques minutes pour réchauffer la viande.
6- Réchauffer les tortillas.
7- Garnir chaque tortilla avec une côtelette de porc, de l'oignon blanc, de la coriandre fraîche et de la sauce salsa.
8- Servir chaud et déguster !

Tacos de Surimi (Bâtonnets de Crabe)

	T. Total :	20 min
	Portions :	4 personnes
	difficulté	Facile
	Calories	250 kcal

à savoir:

Ingrédients de la recette

- 400 g de bâtonnets de surimi
- 30 ml d'huile d'olive
- 1 oignon, haché
- 2 gousses d'ail, émincées
- 5 g de cumin
- 2.5 g de piment en poudre (facultatif)
- 60 ml de bouillon de légumes ou d'eau
- Sel et poivre
- Jus de citron vert (facultatif)
- Tortillas de maïs
- Oignon rouge tranché finement
- Coriandre fraîche hachée
- Sauce salsa
- Sauce guacamole (facultatif)

préparons notre recette !!!!

1- Chauffer l'huile d'olive dans une poêle à feu moyen. Ajouter l'oignon et l'ail, faire revenir jusqu'à ce qu'ils soient tendres (environ 3 minutes).
2- Ajouter les bâtonnets de surimi et cuire pendant 3-4 minutes.
3- Incorporer le cumin, le piment (facultatif), le sel et le poivre. Cuire encore 1 minute.
4- Verser le bouillon ou l'eau, porter à ébullition. Réduire le feu, couvrir et laisser mijoter pendant 5 minutes.
5- Réchauffer les tortillas.
6- Garnir chaque tortilla avec le mélange de surimi, l'oignon rouge, la coriandre fraîche, la sauce salsa et éventuellement la sauce guacamole.
7- Arroser de jus de citron vert (facultatif) et déguster !

Tacos de Lengua de Res en Salsa Verde (Langue de Bœuf dans une Sauce Verte)

	T. Total :	25 min
	Portions :	4 personnes
	difficulté	Facile
	Calories	280 kcal

à savoir:

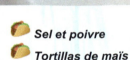

---------Ingrédients de la recette ----------

- 600 g de langue de bœuf, cuite et tranchée
- 30 ml d'huile d'olive
- 1 oignon, haché
- 2 gousses d'ail, émincées
- 100 g de tomatillos, pelés et hachés
- 1 piment serrano, épépiné et haché
- 1/2 bouquet de coriandre fraîche
- Oignon rouge tranché finement
- Sel et poivre
- Tortillas de maïs
- Sauce salsa
- Sauce guacamole (facultatif)
- Coriandre fraîche hachée

------- préparons notre recette !!!! -----

1- Dans une poêle, chauffer l'huile d'olive à feu moyen. Ajouter l'oignon et l'ail, faire revenir jusqu'à ce qu'ils soient tendres (environ 3 minutes).
2- Ajouter les tranches de langue de bœuf et cuire pendant 5 minutes, jusqu'à ce qu'elles soient légèrement dorées.
3- Dans un mixeur, combiner les tomatillos, le piment serrano et la coriandre. Mixer jusqu'à obtention d'une sauce lisse.
4- Verser la sauce verte dans la poêle avec la viande. Assaisonner avec du sel et du poivre. Laisser mijoter pendant 10 minutes.
5- Réchauffer les tortillas.
6- Garnir chaque tortilla avec la viande et la sauce, puis ajouter l'oignon rouge et la coriandre fraîche.
7- Servir avec de la sauce salsa et éventuellement de la sauce guacamole.
8- Déguster !

----3---- Tacos français les plus célèbres :

Tacos au Poulet Grillé

⏱	**T. Total :**	20min	**à savoir:**
👥	**Portions :**	4 personnes	
📊	**difficulté**	Facile	
🔥	**Calories**	320 Kcal	

---------Ingrédients de la recette ----------

- 500 g de blanc de poulet, coupé en dés
- 30 ml d'huile d'olive
- 1 oignon, haché
- 2 gousses d'ail, émincées
- 5 g de paprika
- 2.5 g de cumin
- Sel et poivre
- Pâte à tacos du supermarché
- Oignon rouge tranché finement
- Coriandre fraîche hachée
- Sauce salsa
- Sauce guacamole (facultatif)

------- préparons notre recette !!!! -----

1- Dans une poêle, chauffer l'huile d'olive à feu moyen. Ajouter l'oignon et l'ail, faire revenir jusqu'à ce qu'ils soient tendres (environ 3 minutes).
2- Ajouter les dés de poulet et cuire pendant 5-6 minutes, jusqu'à ce qu'ils soient bien dorés.
3- Incorporer le paprika, le cumin, le sel et le poivre. Cuire encore 1 minute.
4- Réchauffer la pâte à tacos selon les instructions du paquet.
5- Garnir chaque taco avec le poulet grillé, l'oignon rouge, la coriandre fraîche, la sauce salsa et éventuellement la sauce guacamole.
6- Déguster !

Tacos au Steak et Fromage Fondu

			à savoir:
⏱	**T. Total :**	25min	
👥	**Portions :**	4 personnes	
📊	**difficulté**	Facile	
🔥	**Calories**	380 Kcal	

--------Ingrédients de la recette ----------

- 500 g de steak de bœuf, tranché finement
- 30 ml d'huile d'olive
- 1 oignon, tranché
- 1 poivron rouge, tranché
- 200 g de fromage cheddar râpé
- Sel et poivre
- Pâte à tacos du supermarché
- Oignon rouge tranché finement
- Coriandre fraîche hachée
- Sauce salsa

------- préparons notre recette !!!! -----

1- Dans une poêle, chauffer l'huile d'olive à feu moyen. Ajouter l'oignon et le poivron rouge, faire revenir jusqu'à ce qu'ils soient tendres (environ 5 minutes).
2- Ajouter les tranches de steak et cuire pendant 4-5 minutes, jusqu'à ce qu'elles soient cuites selon votre préférence.
3- Assaisonner avec du sel et du poivre.
4- Réchauffer la pâte à tacos selon les instructions du paquet.
5- Garnir chaque taco avec le mélange de steak, le fromage fondu, l'oignon rouge et la coriandre fraîche.
6- Servir avec de la sauce salsa.

Tacos Végétariens aux Légumes Grillés

⏱	T. Total :	20min	à savoir:
👥	Portions :	4 personnes	
📊	difficulté	Facile	
🔥	Calories	280 Kcal	

--------Ingrédients de la recette ----------

- 2 courgettes, tranchées
- 2 poivrons rouges, tranchés
- 1 oignon rouge, tranché
- 250 g de champignons, tranchés
- 30 ml d'huile d'olive
- Sel et poivre
- Pâte à tacos du supermarché
- Coriandre fraîche hachée
- Sauce salsa

------- préparons notre recette !!!! -----

1- Préchauffer le grill à feu moyen. Badigeonner les légumes d'huile d'olive et les assaisonner avec du sel et du poivre.
2- Griller les légumes pendant 10-15 minutes, en les retournant de temps en temps, jusqu'à ce qu'ils soient tendres et légèrement dorés.
3- Réchauffer la pâte à tacos selon les instructions du paquet.
4- Garnir chaque taco avec les légumes grillés et la coriandre fraîche.
5- Servir avec de la sauce salsa.
6- Déguster !

Tacos au Kebab et Sauce Blanche

	T. Total :	25min
	Portions :	4 personnes
	difficulté	Facile
	Calories	350 Kcal

à savoir:

--------Ingrédients de la recette ---------

- 500 g de viande de kebab (agneau, bœuf ou poulet), tranchée
- 4 pains à tacos du supermarché
- 1 oignon rouge, tranché finement
- 1 tomate, tranchée
- 100 g de salade verte mélangée
- 150 g de sauce blanche (type sauce tzatziki)
- Sauce piquante (facultatif)

-------- préparons notre recette !!!! -----

1- Faire chauffer la viande de kebab selon les instructions du paquet.
2- Réchauffer les pains à tacos selon les instructions du paquet.
3- Garnir chaque taco avec de la viande de kebab, des tranches d'oignon rouge et de tomate, de la salade verte, de la sauce blanche et éventuellement de la sauce piquante.
4- Déguster !

Tacos au Saumon Fumé et Avocat

⏱	**T. Total :**	15min	**à savoir:**
👥	**Portions :**	4 personnes	
📊	**difficulté**	Facile	
🔥	**Calories**	300 Kcal	

--------Ingrédients de la recette ----------

- 200 g de saumon fumé, tranché
- 2 avocats, tranchés
- Jus de citron
- 4 pains à tacos du supermarché
- 1/2 concombre, tranché finement
- 1/4 oignon rouge, tranché finement
- 50 g de roquette
- 50 g de crème fraîche épaisse
- Aneth fraîche (facultatif)

------- préparons notre recette !!!! -----

1- Arroser les tranches d'avocat de jus de citron pour éviter qu'elles ne brunissent.
2- Réchauffer les pains à tacos selon les instructions du paquet.
3- Garnir chaque taco avec du saumon fumé, des tranches d'avocat, de concombre et d'oignon rouge, de la roquette et de la crème fraîche.
4- Ajouter de l'aneth fraîche si désiré

Tacos à la Raclette

			à savoir:
⏱	**T. Total :**	20min	
👥	**Portions :**	4 personnes	
📊	**difficulté**	Facile	
🔥	**Calories**	380 Kcal	

--------Ingrédients de la recette ---------

- 🌮 400 g de pommes de terre, coupées en dés et cuites
- 🌮 200 g de fromage à raclette, coupé en tranches
- 🌮 4 pains à tacos du supermarché
- 🌮 150 g de jambon blanc, coupé en dés
- 🌮 1 oignon rouge, tranché finement
- 🌮 100 g de cornichons, tranchés
- 🌮 Sauce barbecue (facultatif)

------- préparons notre recette !!!! -----

1- Réchauffer les pains à tacos selon les instructions du paquet.
2- Répartir les dés de pommes de terre cuites sur les tacos.
3- Ajouter les tranches de fromage à raclette, le jambon, l'oignon rouge et les cornichons.
4- Si désiré, ajouter un filet de sauce barbecue.
5- Déguster !

Tacos au Jambon et Fromage

			à savoir:
⏱	**T. Total :**	15min	
👥	**Portions :**	4 personnes	
📊	**difficulté**	Facile	
🔥	**Calories**	280 Kcal	

--------Ingrédients de la recette ---------

- 8 tranches de jambon
- 8 tranches de fromage (cheddar, emmental, etc.)
- 4 pains à tacos du supermarché
- 1 tomate, tranchée
- 1/4 oignon rouge, tranché finement
- 50 g de laitue iceberg, déchirée
- Mayonnaise
- Moutarde

------- préparons notre recette !!!! -----

1- Réchauffer les pains à tacos selon les instructions du paquet.
2- Garnir chaque taco avec une tranche de jambon, une tranche de fromage, des tranches de tomate, d'oignon rouge et de laitue iceberg.
3- Ajouter une cuillère à café de mayonnaise et une cuillère à café de moutarde sur chaque taco.
4- Déguster !

----4----Burritos les plus célèbres au Mexique

Burrito al Pastor

⏱	**T. Total :**	30 min	*à savoir:*
👥	**Portions :**	4 portions	
📊	**difficulté**	Moyen	
🔥	**Calories**	450 kcal	

--------Ingrédients de la recette ----------

- 500 g de viande de porc marinée à l'al pastor
- 4 grandes tortillas de farine
- 1 oignon, tranché
- 1 ananas, coupé en dés
- Coriandre fraîche, hachée
- Sauce salsa
- Sauce guacamole (facultatif)

------- préparons notre recette !!!! -----

1. Faire griller la viande de porc marinée dans une poêle chaude jusqu'à ce qu'elle soit bien cuite.
2. Réchauffer les tortillas de farine dans une poêle ou au micro-ondes.
3. Garnir chaque tortilla avec de la viande de porc, des tranches d'oignon, des dés d'ananas, de la coriandre fraîche, de la sauce salsa et éventuellement de la sauce guacamole.
4. Enrouler les tortillas en burritos.
5. Servir chaud et déguster !

Burrito de Barbacoa

			à savoir:
⏱	**T. Total :**	35 min	
👥	**Portions :**	4 portions	
📊	**difficulté**	Moyen	
🔥	**Calories**	420 kcal	

--------Ingrédients de la recette ---------

- 500 g de viande de bœuf barbacoa
- 4 grandes tortillas de farine
- 1 poivron vert, coupé en lanières
- 1 oignon, tranché
- 1 tasse de haricots noirs cuits
- 100 g de fromage cheddar râpé
- Coriandre fraîche, hachée
- Sauce salsa
- Avocat en tranches (facultatif)

------- préparons notre recette !!!! -----

1. Faire chauffer la viande de bœuf barbacoa dans une poêle jusqu'à ce qu'elle soit bien chaude.
2. Réchauffer les tortillas de farine dans une poêle ou au micro-ondes.
3. Garnir chaque tortilla avec de la viande de bœuf, des lanières de poivron, des tranches d'oignon, des haricots noirs cuits, du fromage râpé, de la coriandre fraîche, de la sauce salsa et éventuellement des tranches d'avocat.
4. Enrouler les tortillas en burritos.
5. Servir chaud et déguster !

Burrito de Carnitas

⏱	**T. Total :**	25 min	**à savoir:**
👥	**Portions :**	4 portions	
📊	**difficulté**	Facile	
🔥	**Calories**	380 kcal	

-------- Ingrédients de la recette ---------

- 🌮 500 g de viande de porc carnitas
- 🌮 4 grandes tortillas de farine
- 🌮 1 poivron rouge, coupé en lanières
- 🌮 1 oignon, tranché
- 🌮 1 tomate, coupée en dés
- 🌮 100 g de fromage râpé
- 🌮 Coriandre fraîche, hachée
- 🌮 Sauce salsa
- 🌮 Crème sure (facultatif)

------- préparons notre recette !!!! -----

1. Faire chauffer la viande de porc carnitas dans une poêle jusqu'à ce qu'elle soit bien chaude.
2. Réchauffer les tortillas de farine dans une poêle ou au micro-ondes.
3. Garnir chaque tortilla avec de la viande de porc, des lanières de poivron, des tranches d'oignon, des dés de tomate, du fromage râpé, de la coriandre fraîche, de la sauce salsa et éventuellement de la crème sure.
4. Enrouler les tortillas en burritos.
5. Servir chaud et déguster !

Burrito de Pollo (Poulet)

T. Total :	25 min	à savoir:
Portions :	4 portions	
difficulté	Facile	
Calories	360 kcal	

--------Ingrédients de la recette ---------

- 500 g de poulet cuit et coupé en dés
- 4 grandes tortillas de farine
- 1 poivron rouge, coupé en lanières
- 1 oignon, tranché
- 1 tasse de maïs en grains
- 100 g de fromage râpé
- Coriandre fraîche, hachée
- Sauce salsa
- Crème sure (facultatif)

------- préparons notre recette !!!! -----

1- Réchauffer le poulet cuit dans une poêle jusqu'à ce qu'il soit chaud.
2- Réchauffer les tortillas de farine dans une poêle ou au micro-ondes.
3- Garnir chaque tortilla avec du poulet, des lanières de poivron, des tranches d'oignon, du maïs en grains, du fromage râpé, de la coriandre fraîche, de la sauce salsa et éventuellement de la crème sure.
4- Enrouler les tortillas en burritos.
5- Servir chaud et déguster !

Burrito de Chicharrón (Peau de Porc Croustillante)

T. Total :	35 min	à savoir:
Portions :	4 portions	
difficulté	Moyen	
Calories	430 kcal	

--------Ingrédients de la recette ----------

- 500 g de chicharrón (peau de porc croustillante), coupé en morceaux
- 4 grandes tortillas de farine
- 1 oignon, tranché
- 1 tasse de haricots frits
- 100 g de fromage râpé
- Coriandre fraîche, hachée
- Sauce salsa
- Crème sure (facultatif)

-------- préparons notre recette !!!! -----

1- Réchauffer le chicharrón dans une poêle jusqu'à ce qu'il soit croustillant.
2- Réchauffer les tortillas de farine dans une poêle ou au micro-ondes.
3- Garnir chaque tortilla avec du chicharrón, des tranches d'oignon, des haricots frits, du fromage râpé, de la coriandre fraîche, de la sauce salsa et éventuellement de la crème sure.
4- Enrouler les tortillas en burritos.
5- Servir chaud et déguster !

Burrito de Carne Asada (Viande Grillée)

⏱	T. Total :	30 min
👥	Portions :	4 portions
📊	difficulté	Moyen
🔥	Calories	410 kcal

à savoir:

--------Ingrédients de la recette ---------

- 500 g de viande de bœuf (coupes à griller)
- 4 grandes tortillas de farine
- 1 poivron vert, coupé en lanières
- 1 oignon, tranché
- 35 g haricots noirs et riz
- 1 tomate, coupée en dés
- 100 g de fromage cheddar râpé
- Coriandre fraîche, hachée
- Sauce salsa
- Avocat en tranches (facultatif)

-------- préparons notre recette !!!! -----

1- Faire griller la viande de bœuf selon vos préférences.
2- Réchauffer les tortillas de farine dans une poêle ou au micro-ondes.
3- Garnir chaque tortilla avec de la viande de bœuf grillée, 35 g haricots noirs et riz cuit ,
4- des lanières de poivron, des tranches d'oignon, des dés de tomate, du fromage râpé, de la coriandre fraîche, de la sauce salsa et éventuellement des tranches d'avocat.
5- Enrouler les tortillas en burritos.
6- Servir chaud et déguster !

Burrito de Pescado (Poisson)

			à savoir:
⏱	**T. Total :**	25 min	
👥	**Portions :**	4 portions	
📊	**difficulté**	Facile	
🔥	**Calories**	340 kcal	

--------Ingrédients de la recette ----------

- 500 g de filets de poisson (comme la tilapia ou le cabillaud), coupés en morceaux
- 4 grandes tortillas de farine
- 1 poivron rouge, coupé en lanières
- 1 oignon, tranché
- 1 avocat, tranché
- 100 g de fromage râpé
- Coriandre fraîche, hachée
- Sauce salsa
- Jus de citron vert
- Laitue facultatif

------- préparons notre recette !!!! -----

1- Faire cuire les morceaux de poisson dans une poêle jusqu'à ce qu'ils soient bien cuits.
2- Réchauffer les tortillas de farine dans une poêle ou au micro-ondes.
3- Garnir chaque tortilla avec du poisson cuit, des lanières de poivron, des tranches d'oignon, des tranches d'avocat, du fromage râpé, de la coriandre fraîche, de la sauce salsa et un filet de jus de citron vert.
4- Enrouler les tortillas en burritos.
5- Servir chaud et déguster !

Burrito de Frijoles (Haricots)

			à savoir:
⏱	**T. Total :**	20 min	
👥	**Portions :**	4 portions	
📊	**difficulté**	Facile	
🔥	**Calories**	300 kcal	

--------Ingrédients de la recette --------

- 2 tasses de haricots noirs cuits et égouttés
- 4 grandes tortillas de farine
- 1 oignon, haché
- 2 gousses d'ail, hachées
- 1 cuillère à café de cumin
- 1/2 cuillère à café de paprika
- Sel et poivre
- 100 g de fromage cheddar râpé
- Coriandre fraîche, hachée
- 20 g de riz facultatif
- Sauce salsa

------- préparons notre recette !!!! -----

1- Dans une poêle, faire revenir l'oignon et l'ail jusqu'à ce qu'ils soient dorés.
2- Ajouter les haricots noirs et riz cuits, le cumin, le paprika, le sel et le poivre. Cuire pendant quelques minutes jusqu'à ce que les haricots soient bien enrobés d'épices.
3- Réchauffer les tortillas de farine dans une poêle ou au micro-ondes.
4- Garnir chaque tortilla avec le mélange de haricots noirs, du fromage râpé, de la coriandre fraîche et de la sauce salsa.
5- Enrouler les tortillas en burritos.
6- Servir chaud et déguster !

Burrito de Machaca (Viande Séchée)

T. Total :	35 min	
Portions :	4 portions	
difficulté	Moyen	
Calories	410 kcal	

à savoir:

Ingrédients de la recette

- 500 g de viande de bœuf séchée (machaca), réhydratée et émiettée
- 4 grandes tortillas de farine
- 1 poivron rouge, coupé en lanières
- 1 oignon, tranché
- 1 tasse de haricots noirs cuits
- 100 g de fromage cheddar râpé
- Coriandre fraîche, hachée
- Sauce salsa
- Crème sure (facultatif)

préparons notre recette !!!!

1. Réhydrater et émietter la viande de bœuf séchée (machaca).
2. Réchauffer les tortillas de farine dans une poêle ou au micro-ondes.
3. Garnir chaque tortilla avec de la viande de bœuf séchée, des lanières de poivron, des tranches d'oignon, des haricots noirs cuits, du fromage râpé, de la coriandre fraîche, de la sauce salsa et éventuellement de la crème sure.
4. Enrouler les tortillas en burritos.
5. Servir chaud et déguster !

Burrito de Camarones (Crevettes)

			à savoir:
⏱	**T. Total :**	30 min	
👥	**Portions :**	4 portions	
📊	**difficulté**	Moyen	
🔥	**Calories**	380 kcal	

--------Ingrédients de la recette ---------

- 500 g de crevettes décortiquées
- 4 grandes tortillas de farine
- 1 poivron vert, coupé en lanières
- 1 oignon, tranché
- 1 tomate, coupée en dés
- 100 g de fromage cheddar râpé
- Coriandre fraîche, hachée
- Sauce salsa
- Avocat en tranches (facultatif)

------- préparons notre recette !!!! -----

1- Faire cuire les crevettes décortiquées dans une poêle jusqu'à ce qu'elles soient roses et bien cuites.
2- Réchauffer les tortillas de farine dans une poêle ou au micro-ondes.
3- Garnir chaque tortilla avec des crevettes cuites, des lanières de poivron, des tranches d'oignon, des dés de tomate, du fromage râpé, de la coriandre fraîche et de la sauce salsa.
4- Enrouler les tortillas en burritos.
5- Servir chaud et déguster !

----5----Fajitas les plus célèbres au Mexique :

Fajitas de Pollo (Poulet)

T. Total :	20 min	à savoir:
Portions :	4 portions	
difficulté	Facile	
Calories	320 kcal	

--------Ingrédients de la recette --------

- 500 g de blanc de poulet, coupé en lanières
- 2 poivrons (1 rouge, 1 vert), coupés en lanières
- 1 oignon, coupé en lanières
- 2 cuillères à soupe d'huile d'olive
- 2 gousses d'ail, hachées
- 1 cuillère à café de cumin en poudre
- 1 cuillère à café de paprika
- Sel et poivre
- 8 tortillas de blé
- Garnitures au choix : salsa, guacamole, crème sure, coriandre, fromage râpé

------- préparons notre recette !!!! -----

1- Dans une grande poêle, faire chauffer l'huile d'olive à feu moyen.
2- Ajouter les lanières de poulet et faire cuire jusqu'à ce qu'elles soient dorées.
3- Ajouter les poivrons et l'oignon dans la poêle. Faire sauter pendant quelques minutes jusqu'à ce qu'ils soient tendres.
4- Ajouter l'ail, le cumin, le paprika, le sel et le poivre. Bien mélanger et cuire encore 2 minutes.
5- Réchauffer les tortillas de blé selon les instructions sur l'emballage.
6- Garnir chaque tortilla avec le mélange de poulet et de légumes.
7- Ajouter les garnitures de votre choix.
8- Enrouler les tortillas et servir chaud.

Fajitas de Camarones (Crevettes)

T. Total :	20 min	
Portions :	4 portions	
difficulté	Facile	
Calories	300 kcal	

à savoir:

-------- Ingrédients de la recette ----------

- 500 g de crevettes, décortiquées et déveinées
- 2 poivrons (1 rouge, 1 vert), coupés en lanières
- 1 oignon, coupé en lanières
- 2 cuillères à soupe d'huile d'olive
- 2 gousses d'ail, hachées
- Jus de 2 citrons verts
- 1 cuillère à café de cumin en poudre
- 1 cuillère à café de paprika
- Sel et poivre
- 8 tortillas de blé
- Garnitures au choix : salsa, guacamole, crème sure, coriandre, fromage râpé

-------- préparons notre recette !!!! -----

1. Dans un grand bol, mélanger les crevettes avec le jus de citron vert, l'ail, le cumin, le paprika, le sel et le poivre. Laisser mariner pendant au moins 10 minutes.
2. Dans une grande poêle, faire chauffer l'huile d'olive à feu moyen-élevé.
3. Ajouter les crevettes marinées dans la poêle et faire cuire jusqu'à ce qu'elles soient roses et bien cuites, environ 3-4 minutes de chaque côté.
4. Ajouter les poivrons et l'oignon dans la poêle. Faire sauter pendant quelques minutes jusqu'à ce qu'ils soient tendres.
5. Réchauffer les tortillas de blé selon les instructions sur l'emballage.
6. Garnir chaque tortilla avec le mélange de crevettes et de légumes.
7. Ajouter les garnitures de votre choix.
8. Enrouler les tortillas et servir chaud.

Fajitas de Carne Asada (Viande Grillée)

⏱ T. Total :	25 min	**à savoir:** Garnitures au choix : salsa, guacamole, crème sure, coriandre, fromage râpé
👥 Portions :	4 portions	
📊 difficulté	Moyen	
🔥 Calories	380 kcal	

-------- Ingrédients de la recette ---------

- 500 g de steak (comme le bifteck de flanc), coupé en lanières
- 2 poivrons (1 rouge, 1 vert), coupés en lanières
- 1 oignon, coupé en lanières
- 2 cuillères à soupe d'huile d'olive
- 2 gousses d'ail, hachées
- Jus de 2 citrons verts
- 1 cuillère à café de cumin en poudre
- 1 cuillère à café de paprika
- Sel et poivre
- 8 tortillas de blé

------- préparons notre recette !!!! -----

1- Dans un grand bol, mélanger les lanières de steak avec le jus de citron vert, l'ail, le cumin, le paprika, le sel et le poivre. Laisser mariner pendant au moins 15 minutes.
2- Dans une grande poêle, faire chauffer l'huile d'olive à feu moyen-élevé.
3- Ajouter les lanières de steak dans la poêle et faire cuire jusqu'à ce qu'elles soient bien dorées, environ 5 minutes.
4- Ajouter les poivrons et l'oignon dans la poêle. Faire sauter pendant quelques minutes jusqu'à ce qu'ils soient tendres.
5- Réchauffer les tortillas de blé selon les instructions sur l'emballage.
6- Garnir chaque tortilla avec le mélange de viande et de légumes.
7- Ajouter les garnitures de votre choix.
8- Enrouler les tortillas et servir chaud.

Fajitas de Pescado (Poisson)

T. Total :	20 min	
Portions :	4 portions	
difficulté	Facile	
Calories	280 kcal	

à savoir:

--------Ingrédients de la recette ----------

- 500 g de filets de poisson (comme le tilapia ou le cabillaud), coupés en lanières
- 2 poivrons (1 rouge, 1 vert), coupés en lanières
- 1 oignon, coupé en lanières
- 2 cuillères à soupe d'huile d'olive
- Jus de 2 citrons verts
- 2 gousses d'ail, hachées
- 1 cuillère à café de cumin en poudre
- 1 cuillère à café de paprika
- Sel et poivre
- 8 tortillas de blé
- Garnitures au choix : salsa, guacamole, crème sure, coriandre, fromage râpé

------- préparons notre recette !!!! -----

1. Dans un grand bol, mélanger les lanières de poisson avec le jus de citron vert, l'ail, le cumin, le paprika, le sel et le poivre. Laisser mariner pendant environ 10 minutes.
2. Dans une grande poêle, chauffer l'huile d'olive à feu moyen-élevé.
3. Ajouter les lanières de poisson marinées dans la poêle et faire cuire jusqu'à ce qu'elles soient bien dorées et cuites, environ 4-5 minutes de chaque côté.
4. Ajouter les poivrons et l'oignon dans la poêle. Faire sauter pendant quelques minutes jusqu'à ce qu'ils soient tendres.
5. Réchauffer les tortillas de blé selon les instructions sur l'emballage.
6. Garnir chaque tortilla avec le mélange de poisson et de légumes.
7. Ajouter les garnitures de votre choix.
8. Enrouler les tortillas et servir chaud.

Fajitas de Cerdo (Porc)

	T. Total :	25 min	à savoir:
	Portions :	4 portions	
	difficulté	Facile	
	Calories	350 kcal	

--------Ingrédients de la recette ---------

- 500 g de filet de porc, coupé en lanières
- 2 poivrons (1 rouge, 1 vert), coupés en lanières
- 1 oignon, coupé en lanières
- 2 cuillères à soupe d'huile d'olive
- Jus de 2 citrons verts
- 2 gousses d'ail, hachées
- 1 cuillère à café de cumin en poudre
- 1 cuillère à café de paprika
- Sel et poivre
- 8 tortillas de blé
- Garnitures au choix : salsa, guacamole, crème sure, coriandre, fromage râpé

------- préparons notre recette !!!! -----

1- Dans un grand bol, mélanger les lanières de porc avec le jus de citron vert, l'ail, le cumin, le paprika, le sel et le poivre. Laisser mariner pendant environ 15 minutes.
2- Dans une grande poêle, chauffer l'huile d'olive à feu moyen-élevé.
3- Ajouter les lanières de porc marinées dans la poêle et faire cuire jusqu'à ce qu'elles soient bien dorées et cuites, environ 5-6 minutes de chaque côté.
4- Ajouter les poivrons et l'oignon dans la poêle. Faire sauter pendant quelques minutes jusqu'à ce qu'ils soient tendres.
5- Réchauffer les tortillas de blé selon les instructions sur l'emballage.
6- Garnir chaque tortilla avec le mélange de porc et de légumes.
7- Ajouter les garnitures de votre choix.
8- Enrouler les tortillas et servir chaud.

Fajitas de Res (Bœuf)

T. Total :	20 min	*à savoir:*
Portions :	4 portions	
difficulté	Facile	
Calories	320 kcal	

--------Ingrédients de la recette ----------

- 500 g de steak de bœuf, coupé en lanières
- 2 poivrons (1 rouge, 1 vert), coupés en lanières
- 1 oignon, coupé en lanières
- 2 cuillères à soupe d'huile d'olive
- Jus de 2 citrons verts
- 2 gousses d'ail, hachées
- 1 cuillère à café de cumin en poudre
- 1 cuillère à café de paprika
- Sel et poivre
- 8 tortillas de blé
- Garnitures au choix : salsa, guacamole, crème sure, coriandre, fromage râpé

-------- préparons notre recette !!!! -----

1. Dans un grand bol, mélanger les lanières de bœuf avec le jus de citron vert, l'ail, le cumin, le paprika, le sel et le poivre. Laisser mariner pendant environ 15 minutes.
2. Dans une grande poêle, chauffer l'huile d'olive à feu moyen-élevé.
3. Ajouter les lanières de bœuf marinées dans la poêle et faire cuire jusqu'à ce qu'elles soient bien dorées et cuites, environ 5-6 minutes de chaque côté.
4. Ajouter les poivrons et l'oignon dans la poêle. Faire sauter pendant quelques minutes jusqu'à ce qu'ils soient tendres.
5. Réchauffer les tortillas de blé selon les instructions sur l'emballage.
6. Garnir chaque tortilla avec le mélange de bœuf et de légumes.
7. Ajouter les garnitures de votre choix.
8. Enrouler les tortillas et servir chaud

Fajitas de Verduras (Légumes)

⏱	**T. Total :**	20 min
👥	**Portions :**	4 portions
📊	**difficulté**	Facile
🔥	**Calories**	250 kcal

à savoir:

-------- Ingrédients de la recette ----------

- 2 poivrons (1 rouge, 1 vert), coupés en lanières
- 1 oignon, coupé en lanières
- 1 courgette, coupée en lanières
- 1 poignée de champignons, tranchés
- 2 cuillères à soupe d'huile d'olive
- Jus de 2 citrons verts
- 2 gousses d'ail, hachées
- 1 cuillère à café de cumin en poudre
- 1 cuillère à café de paprika
- Sel et poivre
- 8 tortillas de blé
- Garnitures au choix : salsa, guacamole, crème sure, coriandre, fromage râpé

------- préparons notre recette !!!! -----

1. Dans un grand bol, mélanger les lanières de poivrons, d'oignon, de courgette et les champignons avec le jus de citron vert, l'ail, le cumin, le paprika, le sel et le poivre. Laisser mariner pendant environ 10 minutes.
2. Dans une grande poêle, chauffer l'huile d'olive à feu moyen-élevé.
3. Ajouter les légumes marinés dans la poêle et faire sauter jusqu'à ce qu'ils soient tendres, environ 5-6 minutes.
4. Réchauffer les tortillas de blé selon les instructions sur l'emballage.
5. Garnir chaque tortilla avec le mélange de légumes.
6. Ajouter les garnitures de votre choix.
7. Enrouler les tortillas et servir chaud.

Fajitas al Pastor

⏱	**T. Total :**	25 min
👥	**Portions :**	4 portions
📊	**difficulté**	Facile
🔥	**Calories**	290 kcal

à savoir:

--------Ingrédients de la recette ----------

- 500 g de viande de porc (épaule ou filet), coupée en lanières
- 2 poivrons (1 rouge, 1 vert), coupés en lanières
- 1 oignon, coupé en lanières
- 2 cuillères à soupe d'huile d'olive
- Jus de 2 citrons verts
- 2 gousses d'ail, hachées
- Sel et poivre
- 8 tortillas de blé
- Garnitures au choix : salsa, guacamole, crème sure, coriandre, ananas, oignon rouge
- 1 cuillère à café de cumin en poudre
- 1 cuillère à café de paprika
- 1 cuillère à café d'origan séché
- 1/2 cuillère à café de piment en poudre (facultatif)

------- préparons notre recette !!!! -----

1. Dans un grand bol, mélanger les lanières de viande de porc avec le jus de citron vert, l'ail, le cumin, le paprika, l'origan, le piment (facultatif), le sel et le poivre. Laisser mariner pendant environ 20 minutes.
2. Dans une grande poêle, chauffer l'huile d'olive à feu moyen-élevé.
3. Ajouter les lanières de viande de porc marinées dans la poêle et faire cuire jusqu'à ce qu'elles soient bien dorées et cuites, environ 5-6 minutes de chaque côté.
4. Ajouter les poivrons et l'oignon dans la poêle. Faire sauter pendant quelques minutes jusqu'à ce qu'ils soient tendres.
5. Réchauffer les tortillas de blé selon les instructions sur l'emballage.
6. Garnir chaque tortilla avec le mélange de viande de porc et de légumes.
7. Ajouter les garnitures de votre choix.
8. Enrouler les tortillas et servir chaud.

Fajitas de Chicharrón (Peau de Porc Croustillante)

⏱	**T. Total :**	25 min
👥	**Portions :**	4 portions
📊	**difficulté**	Facile
🔥	**Calories**	320 kcal

à savoir:

Ingrédients de la recette

- 500 g de peau de porc, coupée en lanières
- 2 poivrons (1 rouge, 1 vert), coupés en lanières
- 1 oignon, coupé en lanières
- 2 cuillères à soupe d'huile d'olive
- Jus de 2 citrons verts
- 2 gousses d'ail, hachées
- Sel et poivre
- 8 tortillas de blé
- Garnitures au choix : salsa, guacamole, crème sure, coriandre, oignon rouge, tomates
- 1 cuillère à café de cumin en poudre
- 1 cuillère à café de paprika
- 1/2 cuillère à café de piment en poudre (facultatif)

préparons notre recette !!!!

1. Dans un grand bol, mélanger les lanières de peau de porc avec le jus de citron vert, l'ail, le cumin, le paprika, le piment (facultatif), le sel et le poivre. Laisser mariner pendant environ 20 minutes.
2. Dans une grande poêle, chauffer l'huile d'olive à feu moyen-élevé.
3. Ajouter les lanières de peau de porc marinées dans la poêle et faire cuire jusqu'à ce qu'elles soient croustillantes et dorées, environ 8-10 minutes.
4. Ajouter les poivrons et l'oignon dans la poêle. Faire sauter pendant quelques minutes jusqu'à ce qu'ils soient tendres.
5. Réchauffer les tortillas de blé selon les instructions sur l'emballage.
6. Garnir chaque tortilla avec le mélange de peau de porc croustillante et de légumes.
7. Ajouter les garnitures de votre choix.
8. Enrouler les tortillas et servir chaud.

Fajitas de Machaca (Viande Séchée)

T. Total :	25 min	*à savoir:*
Portions :	4 portions	
difficulté	Facile	
Calories	280 kcal	

--------Ingrédients de la recette ----------

- 500 g de viande de bœuf séchée, effilochée
- 2 poivrons (1 rouge, 1 vert), coupés en lanières
- 1 oignon, coupé en lanières
- 2 cuillères à soupe d'huile d'olive
- Jus de 2 citrons verts
- 2 gousses d'ail, hachées
- 1 cuillère à café de cumin en poudre
- 1 cuillère à café de paprika
- 1/2 cuillère à café de piment en poudre (facultatif)

- Sel et poivre
- 8 tortillas de blé
- Garnitures au choix : salsa, guacamole, crème sure, coriandre, oignon rouge, tomates, fromage râpé

------- préparons notre recette !!!! -----

1. Dans un grand bol, mélanger la viande de bœuf séchée effilochée avec le jus de citron vert, l'ail, le cumin, le paprika, le piment (facultatif), le sel et le poivre. Laisser mariner pendant environ 20 minutes.
2. Dans une grande poêle, chauffer l'huile d'olive à feu moyen-élevé.
3. Ajouter la viande de bœuf marinée dans la poêle et faire cuire jusqu'à ce qu'elle soit bien réchauffée, environ 5-6 minutes.
4. Ajouter les poivrons et l'oignon dans la poêle. Faire sauter pendant quelques minutes jusqu'à ce qu'ils soient tendres.
5. Réchauffer les tortillas de blé selon les instructions sur l'emballage.
6. Garnir chaque tortilla avec le mélange de viande de bœuf séchée et de légumes.
7. Ajouter les garnitures de votre choix.
8. Enrouler les tortillas et servir chaud.

Printed in France by Amazon
Brétigny-sur-Orge, FR